LA RÉPUBLIQUE

LA RÉACTION — LES PARTIS

LA SITUATION

Au 31 Décembre 1870

Par N. PERREAU

De Chenonceaux

Les lignes suivantes ont été écrites le 31 décembre 1870, quatre mois après notre déshonneur, onze jours avant notre capitulation honteuse ; il était temps encore de ré-parer nos désastres et de nous relever de nos défaites, mais personne ne l'a voulu.

LA RÉPUBLIQUE

La République, est de tous les gouvernements qui se sont succédé en France depuis le 18 brumaire, le seul qui puisse réunir les conditions indispensables à la satisfaction des exigences sociales.

Avec la République :

Plus de questions dynastiques ;

Plus de gros traitements et plus de cumuls scandaleux ;

Plus d'emplois inutiles,

Etablissement des églises libres dans l Etat libre ,

Respect inviolable de la propriété acquise conformé-ment aux lois ;

Retour des chemins de fer à la nation, moyennant une juste et équitable indemnité aux porteurs et titulaires des titres des Compagnies ;

Révision immédiate du Cadastre, et partout égalité pro portionnelle devant l'impôt foncier ;

Abolition de la taxe différentielle des chemins de fer, ce qui amènera la mise sur le pied d'égalité du roulage et de la batellerie, et, en provoquant la concurrence, établira les transports à bon marché ;

Abolition des marchés à terme, partout suppression des tripotages de Bourse ;

Suppression des armées permanentes et établissement de milices citoyennes où le service sera obligatoire pour tous ; c'est-à-dire plus d'antagonisme entre les diverses classes de la société, ce qui provoquera les dévouements, rehaussera le patriotisme et élèvera la moralité publique.

Mais hélas ! en écrivant ce programme, j'ai compté sans la réaction, ses manœuvres et ses intrigues.

LA RÉACTION

On se méprend souvent sur le sens du mot réaction ; on devrait le laisser de côté et le remplacer par le mot égoïsme.

En effet, quels sont les hommes qui, en ce moment, font de la réaction, sans souci de la malheureuse situation de la France ?

1° Les repus de Bonaparte qui voudraient émarger encore au budget leurs traitements et leurs scandaleux cumuls, et pouvoir, comme ils l'ont fait depuis vingt ans, infecter nos administrations, grandes et petites, de leurs complices et de leurs créatures.

2° Les jésuites qui savent se faufiler partout et trouveraient, s'il le fallait, des millions pour les Prussiens tandis qu'ils n'auraient pas un obole à donner à des Français défendant leur patrie.

3° Les orléanistes, parti fort respectable sans doute, mais qui, selon nous, au moment actuel, a le tort de se trainer à la remorque des Prusssiens.

4° Enfin, ceux que l'on est convenu d'appeler, en mauvaise part, dans nos campagnes « les républicains, » nous voulons dire les hommes qui, n'ayant aucune notion du droit, du devoir, de l'abnégation, c'est-à-dire des vraies vertus démocratiques et républicaines, sont, sans le vouloir, par leur manière d'agir, de procéder et d'apprécier, les plus grands ennemis de la République.

Examinons maintenant les agissements des partis hostiles à la République.

LES PARTIS

Les plus grands ennemis de notre France, ce sont les Français eux-mêmes.

Par leurs divisions intestines, par leurs différentes manières de voir, de penser d'agir, de procéder, par leur caractère orgueilleux et dominateur, surtout.

Ne peut-on pas dire que le Français est plutôt porté vers l'aristocratie que vers la démocratie, parce que la démocratie ne lui permet pas suffisamment d'assouvir ses passions, de se créer des fortunes scandaleuses, de se procurer un luxe effrené, et des honneurs enguirlandés et panachés? Chez nous, l'immoralité s'étale sur une vaste échelle ; la fourberie et l'hypocrisie remplacent le droit, la justice et la vérité ; la platitude et le mensonge règnent au lieu et place de l'honneur, de l'abnégation et du patriotisme ; l'intérêt particulier et les intrigues dynastiques priment l'intérêt national.

Aussi, l'administrateur, le fonctionnaire et les employés de tous les degrés oublient-ils, aussitôt qu'ils sont en place, qu'ils tiennent leurs emplois du peuple qui les paye, qu'ils sont ses mandataires, et que ce n'est que par délégation qu'ils sont appelés à gérer les intérêts de la nation.

Mais le favoritisme qui nous tue a jeté des racines tellement profondes dans cette masse de fonctionnaires de tous rangs qu'une fois en place on s'occupe beaucoup plus de plaire par tous les moyens possibles, même au risque d'atteindre à la platitude et à la bassesse, au gouverneur de M. le comte ou de Monseigneur l'évêque de .., que de s'occuper de la chose publique.

On croira peut-être que ces abus seraient faciles à supprimer. C'est une erreur. Les partis y trouvent ce qui est nécessaire pour renverser tel ou tel gouvernement.

Bonaparte a employé ce levier avec succès, et c'est ainsi qu'il a pu triompher de tous les obstacles pendant le temps qui s'est écoulé du 10 décembre 1848 jusqu'aux transportations en masse de 1851-1852.

Les jésuites l'ont employé de tout temps.

Il serait facile de citer comme exemple ces nombreux officiers de notre malheureuse armée prisonnière de guerre en Prusse, qui ont été élevés par les révérends pères et dont les sentiments patriotiques, innés chez les citoyens français, ont été faussés par cette éducation cléricale, (*la devise des jésuites étant de mettre la lumière sous le boisseau et d'acquérir sans relâche afin de dominer par la persuasion ou par la fortune.*)

Les *Orléanistes* ont employé les mêmes moyens avec

succès depuis janvier 1863, et l'on peut dire, sans crainte d'être démenti, qu'ils sont pour autant dans les causes qui ont amené l'effondrement de l'empire, que les batailles de Woerth et de Sedan.

Qui, en effet, ne se souvient du fameux dîner de la fusion offert en 1863 par un personnage éminent, qui depuis est devenu ministre le 2 janvier 1870, et où étaient présents M. Thiers, feu M. de Montalembert, le général Changarnier, M. de Lamoricière et bien d'autres personnages encore, et où il a été décidé que l'on ferait échec, par tous les moyens possibles, aux candidatures officielles, et que les orléanistes useraient de toute leur influence et emploieraient leur fortune et leurs relations pour arriver à placer les hommes de leur parti dans toutes les grandes administrations; à en faire des ambassadeurs et des ministres, à les faire entrer dans les Préfectures, à la Banque de France, dans les Chemins de fer, au Crédit Foncier, etc., etc., et que par ce moyen on aurait une police contrebalançant la police secrète de l'Empire, qu'on serait au courant de tous les événements et qu'on connaîtrait jusqu'aux tripotages honteux du demi-monde.

Bien entendu, dans cette combinaison, il n'était nullement question du peuple travailleur. On ne voulait se servir des républicains que pour l'action (car ces messieurs ne veulent pas supposer un instant qu'il existe des républicains honnêtes). Mais ce plan était trop peu pratique pour obtenir l'approbation des campagnes.

Plus tard, les mêmes hommes, ont pensé qu'en évoquant

le souvenir des 45 centimes et qu'en parlant des partageux, ils viendraient facilement à bout de la République ; que de plus, en montrant le commerce ruiné par l'élévation de l'escompte et la rareté du numéraire, qu'en exploitant avec habileté la suspension des travaux et des payements, on découragerait vite les masses et qu'on arriverait ainsi à une restauration monarchiste quelconque. Le dernier plan a été suivi de tous points, et les ennemis de la République se sont entendus admirablement pour le mettre en pratique.

Partout où l'invasion prussienne s'est présentée, on a semé la terreur.

Les 17 millions de Rouen ;

Les 2 millions d'Evreux ;

Les 5 millions d'Orléans ;

La retraite précipitée du général Sol ;

La panique répandue à dessein dans nos vallées du Cher ;

L'ordre du préfet d'Indre-et-Loire intimant de rendre les fusils ;

La division jetée au milieu de nos gardes nationaux ;

La nomination des officiers de mobilisés par le suffrage universel ;

L'arrivée au pouvoir des monarchistes avec leur cortége fourni par les sacristies et les couvents ;

Tel est succintement le bilan des partis.

LA SITUATION

Envisageons la situation sans forfanterie, car elle est grave, mais sans faiblesse ni découragement, car, malgré tout, elle est encore pleine d'espérances.

Les cendres de nos pères de 1792 frémissent sous nos pieds ! Quand nous entendons prononcer le nom des 32e et 92e demi-brigades, nous nous demandons s'il n'est pas encore temps de nous venger de l'Allemand !

A l'extérieur, qu'étions-nous le 4 septembre vis-à-vis des puissances étrangères ? — Plus rien.

La jalouse et haineuse Angleterre se repentira, mais trop tard, de la faute qu'elle a commise.

La Russie nous guette comme un oiseau de proie.

Quant au gouvernement italien, gouvernement habitué à trahir ses alliés d'autrefois, il n'en faut parler que pour mémoire.

L'Autriche est trop faible encore pour nous secourir.

Nous voici donc seuls contre les despotes et tyrans de toutes les catégories, mais les peuples sont avec nous de cœur.

Le droit, l'honnêteté, la justice et les vertus civiques devant, tôt ou tard, avoir raison de la force brutale et du matérialisme, il faut nous résigner momentanément à notre isolement.

A l'intérieur, qu'étions-nous le 4 septembre ? Nous étions stupéfaits de nos désastres et nous regardions notre malheureuse position avec un hébètement voisin de la folie. Mais le premier moment passé, la prodigieuse activité dont sommes doués a paré à toutes les éventualités et a étonné nos ennemis eux-mêmes.

Paris soutint un siége qui sera sa gloire immortelle.

La délégation de Tours a organisé nos armées et, malgré la trahison de misérables capitulards, sous l'impulsion de Chanzy, nos braves enfants ont fait voir aux Prussiens ce que vaut le soldat français, et tenu tête à la formidable armée prussienne.

Est-ce à dire que la paix doive se conclure prochainement ? — Non, mille fois non ! notre chère Lorraine, notre chère Alsace doivent nous revenir ; nos femmes égorgées, violées à Bazeilles à Châteaudun et à Saint-Calais, tout cela doit être vengé, et de suite.

Une paix honteuse a dit Jules Favre, ce serait une nouvelle guerre a courte échéance ; donc, pas un pouce de notre territoire ni une pierre de nos forteresses.

Tel doit être le cri de ralliement à notre drapeau national.

Nous possédons des ressources immenses. Les classes de 1850 à 1860 (30 à 40 ans) peuvent nous fournir

1,200,000 hommes, dont 75,000, sous officiers, brigadiers, caporaux, ayant presque tous fait campagne, et qui peuvent fournir d'excellents officiers.

Formons nos cadres en établissant, dans 4 jours, au chef-lieu de chaque département un concours ; que tous les anciens militaires y soient appelés devant une commission ; que, séance tenante, on classe les candidats par ordre de mérite ; de la sorte, il n'y aura de place que pour le savoir et l'intelligence, et, dans vingt jours, nous aurons un million de patriotes capables de ramener les Prussiens jusqu'à Berlin, demander la restitution de nos forteresses et de nos frontières naturelles, et venger notre honneur national d'un affront sans précédent dans l'histoire des peuples.

Français, recueillons-nous ! — Mesurons l'étendue de nos désastres et l'immensité de nos malheurs ; serrons-nous autour du drapeau de la nation ; levons-nous tous au cri de : *Vive la République !* et nous triompherons !

PERREAU.

Chenonceaux, 31 octobre 1870.

Sept mois se sont écoulés depuis le jour où ces lignes ont été écrites.

Nous avons bu le calice jusqu'à la lie.

L'injustice, le mensonge s'étalent de nouveau devant nous : nous avons été témoins de la retraite de nos malheureuses armées; nous avons subi l'invasion; nous avons vu la platitude dans ce qu'elle a de plus bas, de plus vil.

Malgré tout cela, nous ne désespérons pas du sort de la France.

C'est à nos femmes à nous régénérer par leurs filles.

C'est à nous, pères de famille, à préparer nos enfants pour la sainte revanche, à en faire des citoyens patriotes et travailleurs; par là nous arriverons à moraliser les masses, et nous pourrons mourir contents, car nous aurons fait de nos enfants d'honnètes citoyens et des patriotes dévoués, prêts à combattre pour la France, notre mère commune.

PERREAU.

TABLE

	PAGES.
La République.	3
La Réaction.	5
Les Partis	7
La Situation	11